Nouvelle Messénienne.

IMPRIMERIE D'ÉVERAT,
rue du Cadran, n° 16.

NOUVELLE MESSÉNIENNE,

Par M. Casimir Delavigne,

DE L'ACADÉMIE FRANÇAISE.

UNE SEMAINE DE PARIS.

Eh bien ! ils tomberont, ces amans de la nuit ;
La force comprimée est celle qui détruit.
C'est quand il est captif dans un nuage sombre
Que le tonnerre éclate et luit ;
Et la chute est facile à qui marche dans l'ombre.
(*Epilogue des dernières Messéniennes.*)

PARIS.

ALEXANDRE MESNIER, LIBRAIRE,

Place de la Bourse.

—

1830.

UNE SEMAINE

DE PARIS.

Aux Français.

Debout, mânes sacrés de mes concitoyens !
Venez ; inspirez-les, ces vers où je vous chante.

Debout, morts immortels, héroïques soutiens
 De la liberté triomphante !
Brûlant, désordonné, sans frein dans son essor,
Comme un peuple en courroux qu'un même cri soulève,
 Que cet hymne vers vous s'élève
 De votre sang qui fume encor !

Quels sont donc les malheurs que ce jour nous apporte ?
— Ceux que nous présageaient ses ministres et lui.
— Quoi ! malgré ses sermens !—Il les rompt aujourd'hui.
— Le ciel les a reçus. — Et le vent les emporte.
— Mais les élus du peuple ?…—Il les a cassés tous.
— Les lois qu'il doit défendre ?—Esclaves comme nous.

—Et la pensée?—Aux fers.—Et la liberté?—Morte.
—Quel était notre crime?—En vain nous le cherchons.
—Pour mettre en interdit la patrie opprimée,
Son droit?—C'est le pouvoir.—Sa raison?—Une armée.
—La nôtre est un peuple : marchons.

    Ils marchaient, ils couraient sans armes,
    Ils n'avaient pas encor frappé,
On les tue; ils criaient : Le monarque est trompé !
On les tue.., ô fureur ! Pour du sang, quoi ! des larmes !
De vains cris pour du sang !—Ils sont morts les premiers ;
Vengeons-les, ou mourons.—Des armes !—Où les prendr
    —Dans les mains de leurs meurtriers :
A qui donne la mort c'est la mort qu'il faut rendre.

Vengeance ! place au drapeau noir !
Passage, citoyens ! place aux débris funèbres
 Qui reçoivent dans les ténèbres
 Les sermens de leur désespoir !
Porté par leurs bras nus, le cadavre s'avance.
Vengeance ! Tout un peuple a répété : Vengeance !
Restes inanimés, vous serez satisfaits !
Le peuple vous l'a dit, et sa parole est sûre ;
 Ce n'est pas lui qui se parjure :
Il a tenu quinze ans les sermens qu'il a faits.

Il s'est levé : le tocsin sonne ;
 Aux appels bruyans des tambours,

Aux éclats de l'obus qui tonne,

Vieillards, enfans, cité, faubourgs,

Sous les haillons, sous l'épaulette,

Armés, sans arme, unis, épars,

Se roulent contre les remparts

Que le fer de la baïonnette

Leur oppose de toutes parts.

Ils tombent; mais dans cette ville,

Où sur chaque pavé sanglant

La mort enfante en immolant,

Pour un qui tombe il en naît mille.

Ouvrez, ouvrez encor les grilles de Saint-Cloud !

Vomissez des soldats pour nous livrer bataille.

Le sabre est dans leurs mains; dans leurs rangs la mitraille.

Mais de la liberté l'arsenal est partout.

Que nous importe à nous l'instrument qui nous venge !

Une foule intrépide agite en rugissant

La scie aux dents d'acier, le levier, le croissant;

Sous sa main citoyenne en arme tout se change.

Des foyers fastueux les marbres détachés,

Les grès avec effort de la terre arrachés,

  Sont des boulets pour sa colère;

Et, soldats comme nous, nos femmes et nos sœurs

  Font pleuvoir sur les oppresseurs

Cette mitraille populaire.

Qu'ils aient l'ordre pour eux, le désordre est pour nous ;
Désordre intelligent, qui seconde l'audace,
Qui commande, obéit, marque à chacun sa place,
 Comme un seul nous fait agir tous,
  Et qui prouve à la tyrannie,
  En brisant son sceptre abhorré,
  Que, par la patrie inspiré,
Un peuple, comme un homme, a ses jours de génie.

Quoi ! toujours sous le feu, si jeune, au premier rang !
Retenons ce martyr que trop d'ardeur enflamme.

Il court, il va mourir... Relevons le mourant :
 O liberté, c'est une femme !

Quel est-il ce guerrier suspendu dans les airs ?
 De son drapeau qu'il tient encore
Il roule autour de lui le linceul tricolore,
 Et disparaît au milieu des éclairs.
 Viens recueillir sa dernière parole,
 Grande ombre de Napoléon !
 C'est à toi de graver son nom
 Sur les piliers du nouveau pont d'Arcole.

Ce soleil de juillet qu'enfin nous revoyons,

Il a brillé sur la Bastille.

Oui, le voilà, c'est lui ! La liberté, sa fille,
Vient de renaître à ses rayons.
Luis pour nous, accomplis l'œuvre de délivrance ;
Avance, mois sauveur, presse ta course, avance :
Il faut trois jours à ces héros.
Abrége au moins pour eux les nuits qui sont sans gloire ;
Avance, ils n'auront de repos
Que dans la tombe ou la victoire.

Nuits lugubres ! tout meurt, lumière et mouvement.
De cette obscurité muette et sépulcrale
Quels bruits inattendus sortent par intervalle ?

Le cliquetis du fer qui heurte pesamment
Des débris entassés la barrière inégale;
Ces cris se répondant de moment en moment :
Qui vive?...—Citoyens.—Garde à vous, sentinelles!
L'adieu de deux amis, dont un embrassement
Vient de confondre encor les ames fraternelles;
Les soupirs d'un blessé qui s'éteint lentement,
Et sous l'arche plaintive un sourd frémissement,
Quand l'onde, en tournoyant, vient refermer la tombe
　　D'un cadavre qui tombe.....

　　Au Louvre, amis; voici le jour!
　　Battez la charge! Au Louvre, au Louvre!

Balayé par le plomb qui se croise et les couvre,
  Chacun, pour mourir à son tour,
  Vient remplir le rang qui s'entr'ouvre.
Le bataillon grossit sous ce feu dévorant.
Son chef dans la poussière en vain roule expirant;
Il saisit la victime, il l'enlève, il l'emporte,
Il s'élance, il triomphe, il entre.... Quel tableau!
Dieu juste! la voilà victorieuse et morte
  Sur le trône de son bourreau!

Allez, volez, tombez dans la Seine écumante,
D'un pouvoir parricide emblèmes abolis!
Allez, chiffres brisés; allez, pourpre fumante;

Allez, drapeaux déchus, que le meurtre a salis !
Dépouilles des vaincus, par le fleuves entraînées,
Dépouilles des martyrs que je pleure aujourd'hui,
Allez, et sur les flots, à Saint-Cloud, portez-lui
    Le bulletin des trois journées !

Victoire ! embrassons-nous.—Tu vis.—Je te revoi !
—Le fer de l'étranger m'épargna comme toi.
—Quel triomphe !—En trois jours !—Honneur à ton courage !
—Gloire au tien !—C'est ton nom qu'on cite le premier.
—N'en citons qu'un.—Lequel ?—Celui du peuple entier.
Hier qu'il était brave, aujourd'hui qu'il est sage !
—Du trépas, en mourant, un d'eux ma préservé.

—Mais ton sang coule encor.—Ma blessure est légère.
— Et ton frère?—Il n'est plus.—L'assassin de ton frère,
Tu l'as puni?— Je l'ai sauvé.

Ah ! qu'on respire avec délices,
Et qu'il est enivrant l'air de la liberté !
Comment regarder sans fierté
Ces murs couverts de cicatrices,
Ces drapeaux qu'à l'exil redemandaient nos pleurs,
Et dont nous revoyons les glorieux symboles
Voltiger, s'élancer, courber leurs trois couleurs
Sur ces nobles enfans, l'orgueil de nos écoles?
Des fleurs à pleines mains, des fleurs pour ces guerriers !

Jetez-leur au hasard des couronnes civiques :
> Ils ne tomberont, vos lauriers,
> Que sur des têtes héroïques.

Mais lui, que sans l'abattre ont jadis éprouvé
> Le despotisme et la licence ;
> Que la vieillesse a retrouvé
> Ce qu'il fut dans l'adolescence,

Entourons-le d'amour ! Français, Américains,
De baisers et de pleurs couvrons ses vieilles mains !
La popularité, si souvent infidèle,
Est fille de la terre et meurt en peu d'instans.
> La sienne, plus jeune et plus belle,

A traversé les mers, a triomphé du temps :
C'était à la vertu d'en faire une immortelle.

O toi, roi citoyen, qu'il presse dans ses bras,
Aux cris d'un peuple entier, dont les transports sont justes;
Tu fus mon bienfaiteur, je ne te louerai pas :
Les poëtes des rois sont leurs actes augustes.
Que ton règne te chante, et qu'on dise après nous :
Monarque, il fut sacré par la raison publique;
Sa force fut la loi; l'honneur sa politique;
  Son droit divin, l'amour de tous.

Pour toi, peuple affranchi, dont le bonheur commence,

Tu peux croiser tes bras, après ton œuvre immense;
Purs de tous les excès, huit jours l'ont enfanté.
Ils ont conquis les lois, chassé la tyrannie,

  Et couronné la liberté :

Peuple, repose-toi ; ta semaine est finie !

LIBRAIRIE D'ALEXANDRE MESNIER.

REVUE FRANÇAISE.

Et quod nunc ratio est, impetus ante fuit.
OVIDE.

La *Revue Française* entre dans sa troisième année. C'est quelque chose que trois ans de vie, à une époque où tant de journaux, recueils, etc., meurent quelques mois après leur naissance.

Non-seulement la *Revue Française* a vécu, mais elle a grandi; elle a de plus en plus étendu et varié ses travaux. Le succès ne lui a point manqué; elle n'a rien négligé pour répondre au succès. Au lieu de sept ou huit articles, plusieurs numéros en ont contenu jusqu'à dix. Plusieurs de ces articles ont été de véritables traités sur la question qu'ils avaient pour objet. La revue sommaire, placée à la fin de chaque numéro a fait connaître chaque fois un plus grand nombre d'ouvrages nouveaux.

Nous demeurerons fidèles au même plan. Nous espérons avancer encore dans le même progrès. Notre dessein est toujours : 1° qu'aucune grande question politique, philosophique ou littéraire, ne s'élève en France sans être soigneusement traitée dans notre recueil; 2° qu'aucun livre de quelque mérite ou de quelque intérêt ne paraisse en France sans que notre revue sommaire en donne au moins une idée un peu précise. Suivre et seconder dans toutes les carrières le mouvement de l'esprit national; offrir, de deux mois en deux mois, un tableau critique complet de la littérature nationale durant cet intervalle; c'est à cette double tâche que la *Revue Française* est consacrée. Nous nous sommes assuré, pour l'année qui commence, de nouveaux moyens de la remplir.

La revue sommaire sera plus étendue, et imprimée avec des caractères plus nets et plus forts. Une revue dramatique y sera jointe.

Le meilleur résumé, et aussi le meilleur prospectus de nos travaux, est peut-être la liste des articles insérés, l'an dernier, dans la *Revue Française*; nous la publions ici, en réimprimant à la suite celle des articles de l'année 1828. Le public aura ainsi sous les yeux un tableau complet de ce qu'a été la *Revue Française* depuis son origine.

ANNÉE 1829.

NUMÉRO VII.

I. Histoire des Français, par M. de Sismondi. Par M. Trognon.

II. De l'entretien et de l'achèvement des routes en France. Par T. Duchatel.

III. Journal d'un voyage dans le Fayoum (manuscrit inédit). Par M. Léon de Laborde.

IV. Histoire du droit romain au moyen âge, par de M. Savigny. Par M. Lerminier.

V. Struensée, par Michel Beer (manuscrit inédit). Par M. le comte de Saint-Aulaire.

VI. Des juges auditeurs. Par M. le duc DE BROGLIE.

VII. Histoire primitive de la Suède, par M. Éric-Gustave Geyer. Par M****.

VIII. De la nouvelle école poétique et de M. Victor Hugo. Par M. DE GUIZARD.

IX. De la Politique de la France. Par M. DE RÉMUSAT.

Revue sommaire, ou Analyse d'ouvrage nouveaux français et étrangers. Compte rendu de vingt-cinq ouvrages publiés en janvier et février.

NUMÉRO VIII.

I. Des effets et de l'abolition graduel de l'esclavage colonial. Par M. PASSY.

II. De l'état actuel de la botanique générale. Par M. DE CANDOLLE.

III. La conspiration de 1821, par M. le duc de Lévis. Par M. ARMAND CARREL.

IV. Rénovation de la science du droit romain au douzième siècle. Par M. LERMINIER.

V. Voyage dans l'intérieur de l'Afrique. Par M. Eyriès.

VI. Du théâtre indien. Par M****.

VII. De la police politique. Par M. de Rémusat.

VIII. Le Jouvencel, roman du quinzième siècle. Par M. de Barante.

IX. De l'administration communale et départementale. Par M de Guizard.

Revue sommaire. Compte rendu de vingt ouvrages publiés en mars et avril.

NUMÉRO IX.

I. Histoire de Russie et de Pierre-le-Grand, par M. de Ségur. Par le comte Alexandre de Saint-Priest.

II. Examen critique des dictionnaires français, par M. Nodier. Par M. Dugas-Montbel.

III. Tableau de la Grèce en 1827. Par M. Becker.

IV. Formes et relations des volcans. Par M. Élie de Beaumont.

V. Revue musicale. Par M. Castil-Blaze.

VI. De l'enquête commerciale. Par M. T. Duchatel.

VII. De l'agriculture dans ses rapports avec le gouvernement. Par M. de Gasparin.

VIII. De la littérature islandaise. Par M. Raulin.

IX. De la législation des hypothèques. Par M. ***.

X. De l'état des cabinets européens. Par M. Guizot.

Revue sommaire. Compte rendu de vingt-quatre ouvrages publiés en mai et juin.

NUMÉRO X.

I. De l'état comparé de l'agriculture en France et en Angleterre. Par M. Passy.

II. De l'âge des éligibles à la Chambre des députés. Par M. Prosper Duvergier de Hauranne.

III. De la mort de Henri III et des drames historiques. Par M. de Barante.

IV. Histoire des ducs de Bretagne, par M. de Roujoux. Par M. Billiard.

V. Du mouvement de la matière primitive. Par M. H. Royer-Collard.

VI. Littérature italienne. Quatre nouvelles. Par M. ****.

VII. Des Jésuites, de leur institut et de leur histoire. Par M. de Guizard.

VIII. Histoire de la chapelle-musique des rois de France. Par M. Castil-Blaze.

IX. OEuvres diverses de M. le baron Auguste de Staël. Par M. de Barante.

X. Des forçats libérés et des peines infamantes. Par M. de Broglie.

Revue sommaire. Compte rendu de dix-huit ouvrages publiés en juillet et août.

NUMÉRO XI.

I. Monumens historiques de l'ordre de Malte, par M. le vicomte de Villeneuve-Bargemont. Par M. A. Thierry.

II. Voyage de M. Cunningham à la Nouvelle-Galles. Par M. Eyriès.

III. Des Biographies françaises. Par M. J. Taschereau.

IV. Des moyens d'améliorer le sort des classes inférieures. Par M. Vitet.

V. Des Mémoires du duc de Saint-Simon. Par M. de Saint-Aulaire.

VI. L'Enlèvement d'une redoute. Par M. Prosper Mérimée.

VII. M. Broussais ; de l'Existence de l'ame. Par M. ***.

VIII. De la Correspondance de Grimm et des derniers salons du dix-huitième siècle. Par M. Guizot.

IV. De l'Omnipotence du Jury. Par M. le comte Siméon.

Revue sommaire. Compte rendu de vingt ouvrages publiés en septembre et octobre.

NUMÉRO XII.

I. De l'état actuel de l'Italie. Par M. ****.

II. Des premiers colons d'Amérique et du nouveau roman de Cooper. Par M. ****.

III. De l'Organisation militaire de la France. Par M. Passy.

IV. Traité du droit pénal par M. Rossi. Par M. de Rémusat.

V. Monumens, Souvenirs, Mœurs de l'Espagne. Par M. le comte de Saint-Priest.

VI. Esquisse de la Basse-Nubie. Par M. Lenormant.

VII. Des Mémoires du maréchal Gouvion Saint-Cyr. Par M. Thiers.

VIII. Ulysse-Homère, par Constantin Koliadès. Par M. Dugas-Montbel.

IX. Des Sermonaires des quinzième et seizième siècles. Par M. Raulin.

X. Post-scriptum. Par M. Guizot.

Revue sommaire. Compte rendu de vingt-deux ouvrages publiés en novembre et décembre.

ANNÉE 1828.

NUMÉRO I.

I. Introduction. Par M. DE RÉMUSAT.

II. État de la France. Par M. GUIZOT.

III. Mœurs politiques anglaises. Par M. DE GUIZAED.

IV. De la foi. Par M. ***.

V. Voyage en Italie et en Sicile, par M. Simond. Par M. AMPÈRE.

VI. De la piraterie. Par M. DE BROGLIE.

VII. Salon de 1827. Par M. ***.

VIII. Histoire des maires du palais par G. H. Pertz. Par M. GUIZOT.

IX. Voyage en Grèce, par M. Lebrun. Par M. DE GUIZARD.

X. Bulletin de la littérature étrangère. Allemagne, Angleterre, Italie. Par M. ***.

XI. Bibliographie étrangère. Par M. ***.

NUMÉRO II.

I. Histoire constitutionnelle de l'Angleterre, par M. Hallam. Par M. Guizot.

II. De l'état de la Chambre des Députés. Par M. ***.

III. Des vases grecs et du Musée Charles X. Par M. C. Lenormant.

IV. Statistique judiciaire comparée. Compte général de l'administration de la justice criminelle en France, pendant les années 1825 et 1826. Par M. Rossi.

V. De M. Rossini et de l'avenir de la musique. Par M. Vitet.

VI. De l'interprétation des lois. Par M. de Broglie.

VII. Des réformes commerciales de M. Huskisson. Par M. T. Duchatel.

VIII. De la comédie historique. Comédies historiques, par M. N. Lemercier. Les soirées de Neuilly, par M. de Fongeray. Par M. Saint-Marc Girardin.

IX. De l'Espagne et de sa révolution. Par M. Armand Carrel.

X. Bulletin de la littérature étrangère. Allemagne, Amérique, Angleterre. Par M. ***.

XI. Bibliographie française. Par M. ***.

NUMÉRO III.

I. Des assemblées nationales en France. Par M. Augustin Thierry.

II. De l'état actuel de la physiologie. Par M. H. Royer-Collard.

III. Du sens de Rabelais. Par M. de Guizard.

IV. Philosophie française au dix-neuvième siècle. Par M. de Rémusat.

V. De la guerre d'Espagne en 1823. Par M. Armand Carrel.

VI. Du siècle de Louis XIV. Par M. de Barante.

VII. Du droit de succession, par M. Gans. Par M. Lerminier.

VIII. L'Épicurien, roman par Th. Moore; les Fiancés, par M. Manzoni. par M. Villemain.

IX. Examen du projet de loi sur la liberté de la presse. Par M. ***.

X. Bibliographie étrangère. Allemagne, Angleterre, Italie. Par M. ***.

XI. Bibliographie française. Sciences physiques et naturelles. Sciences morales et historiques. Littérature et beaux-arts. Par M. ***.

NUMÉRO IV.

I. Histoire de la révolution des Pays-Bas, par Schiller, traduction nouvelle par M. de Châteaugiron. Par M. Rossi.

II. Relation du voyage du prince de Broglie, en 1782, aux États-Unis d'Amérique et dans l'Amérique du sud (manuscrit inédit). Par M. ***.

III. Du renouvellement des générations. Par M. Dunoyer.

IV. De l'état du théâtre. Par M. de Rémusat.

V. De la peinture sur verre. Par M. C. Lenormant.

VI. Statistique des délits de la presse. Par M. de Broglie.

VII. De la théorie des jardins. Par M. Vitet.

VIII. Histoire de France au dix-huitième siècle. Par M. de Barante.

IX. Bibliographie étrangère. Par M. ***.

X. Bibliographie française. Sciences morales et historiques. Littérature et beaux-arts. Par M. ***.

NUMÉRO V.

I. Du droit de punir et de la peine de mort. Par M. de Broglie.

II. Considérations sur le développement du fœtus humain. Par M. H. Royer-Collard.

III. OEuvres inédites de P. L. Courier. Par M. Armand Carrel.

IV. Education progressive, ou études du cours de la vie, par madame Necker de Saussure. Par M. Guizot.

V. Des dettes publiques et de l'amortissement. Par M. Duchatel.

VI. De l'état des opinions. Par M. de Rémusat.

VII. Mémoires tirés des papiers d'un homme d'état (le prince de Hardenberg) sur les causes secrètes qui ont déterminé la politique des cabinets dans la guerre de la révolution, depuis 1792 jusqu'en 1815. Par M. DE GUIZARD.

VIII. De la session de 1828. Par M. GUIZOT.

IX. Bibliographie étrangère. Par M. ***.

X. Bibliographie française. Sciences morales et historiques. Littérature et beaux-arts. Par M. ***.

NUMÉRO VI.

I. Histoire de l'émancipation des catholiques d'Irlande. Par M. PROSPER DUVERGIER DE HAURANNE.

II. De la juridiction administrative. Par M. DE BROGLIE.

III. De la philosophie écossaise; œuvres de Th. Reid, chef de l'école écossaise, publiées par M. Jouffroy, avec des fragmens de M. Royer-Collard, et une introduction de l'éditeur. Par M. DE RÉMUSAT.

IV. Le Juif, roman allemand. Par M. ***.

V. De la législation des Visigoths. Par M. GUIZOT.

VI. De l'administration communale. Par M. DE BARANTE.

VII. OEuvres inédites de madame Guizot, publiées par M. Guizot. Par M. VILLEMAIN.

VIII. Bibliographie étrangère. Par M. ***.

IX. Bibliographie française. Sciences morales et historiques. Littérature et beaux-arts. Par M. ***.

ON S'ABONNE A PARIS

CHEZ

ALEXANDRE MESNIER, LIBRAIRE,

PLACE DE LA BOURSE.

www.ingramcontent.com/pod-product-compliance
Lightning Source LLC
Chambersburg PA
CBHW060723050426
42451CB00010B/1592